Enviai-nos o vosso Espírito

Roseane Gomes Barbosa

Enviai-nos o vosso Espírito

Orações ao Espírito Santo

1ª edição – 2016
3ª reimpressão – 2023

Direção-geral: *Bernadete Boff*
Editora responsável: *Andréia Schweitzer*
Copidesque: *Mônica Elaine G. S. Costa*
Coordenação de revisão: *Marina Mendonça*
Revisão: *Ana Cecilia Mari*
Gerente de produção: *Felício Calegaro Neto*
Diagramação: *Irene Asato Ruiz*

Paulinas
Rua Dona Inácia Uchoa, 62
04110-020 – São Paulo – SP (Brasil)
Tel.: (11) 2125-3500
http://www.paulinas.com.br
editora@paulinas.com.br

Telemarketing e SAC: 0800-7010081

© Pia Sociedade Filhas de São Paulo – São Paulo, 2016

Introdução

Sempre iniciamos um momento de oração invocando o Espírito Santo. Isso não é apenas uma tradição, um costume ou algo feito mecanicamente; ao contrário, invocar o Espírito é reconhecer que, sem ele, não somos capazes de pronunciar nenhuma palavra a Deus, pois, como nos lembra o Apóstolo São Paulo em sua Primeira Carta aos Coríntios: "Ninguém será capaz de dizer: 'Jesus é Senhor', a não ser sob influência do Espírito Santo" (1Cor 12,3)

Quando invocamos o Espírito Santo, pedimos ao Pai que ilumine e conduza a nossa oração, de modo que não somos nós que rezamos, mas o próprio Espírito que reza em nós ao Pai, "pois não sabemos o que pedir nem como pedir; é o próprio Espírito que intercede em nosso favor, com gemidos inefáveis" (Rm 8,26).

É também por meio do Espírito Santo que recebemos do Pai os diferentes dons, dado a cada um conforme a graça que lhe é necessária, não para seu próprio proveito, mas em vista da edificação da comunidade, isto é, do bem comum.

Os dons do Espírito Santo também geram frutos na vida do cristão, sendo o primeiro e o maior entre todos os frutos da fé. Aliás, essa é a atividade fundamental do Espírito de Deus na Igreja: suscitar e desenvolver nos cristãos a fé em Jesus, que é Caminho, Verdade e Vida.

O próprio Jesus é para nós modelo de quem não só invocou o Espírito Santo, mas se deixou conduzir em todos os momentos de sua vida por ele. Do anúncio de seu nascimento até sua ressurreição, o Espírito esteve presente. E o mesmo Espírito que agiu em Jesus, após sua Ascensão, permanece com os seus discípulos.

Animados pelo Espírito de Jesus, queremos estar vigilantes e com nossas lâmpadas acesas, mas para isso devemos nos colocar num espírito de constante oração. Nessa intenção, este livro inicia-se com uma breve contextualização do Espírito de Deus na Sagrada Escritura, bem como das representações que temos acerca do Espírito Santo, seus dons e frutos. A seguir, foram compiladas algumas orações de invocação e súplica ao Espírito Santo, além de hinos, ladainha e a Consagração à Santíssima Trindade. Foram reunidos ainda alguns trechos bíblicos, do Antigo e Novo

Testamentos, que nos podem iluminar em relação à ação e à presença do Espírito Santo em nossa vida.

Vale lembrar que as orações aqui encontradas não são apenas fórmulas, mas verdadeiras experiências de fé vividas por pessoas que, assim como você e eu, pediram incessantemente a Deus: "Enviai-nos, Senhor, o vosso espírito e tudo será criado, e renovareis a face da terra".

Que no Espírito Santo, pelo Filho Jesus Cristo, cheguemos ao Pai!

O Espírito Santo está no meio de nós

São Paulo, na Carta aos Romanos, nos diz que pelo Espírito nos tornamos filhos adotivos de Deus, e neste mesmo Espírito clamamos: "Abbá, Pai!" (cf. Rm 8,15). Ou seja, se somos capazes de nos dirigir a Deus como Pai e a ele apresentar nossas orações e pedidos, é porque o próprio Espírito de Deus nos impulsiona a fazê-lo.

É importante destacar que na História da Salvação, assim como o Filho, o Espírito também sempre esteve com o Pai; contudo, cada uma das Três Pessoas da Santíssima Trindade se manifesta a nós de diferentes modos, assim como desempenha uma ação particular: o Pai cria; o Filho redime e salva; e o Espírito vivifica e santifica. Obviamente essa é uma maneira didática de apresentar a ação da Santíssima Trindade, pois, onde se encontra uma, encontram-se juntas as Três Pessoas Divinas.

Vejamos brevemente a presença e a ação do Espírito Santo na Sagrada Escritura e na vida dos cristãos.

1. A ação do Espírito no Antigo Testamento

No Antigo Testamento não há uma concepção de Espírito Santo, pois concretamente a sua presença e ação se evidenciam somente no Novo Testamento, a partir da encarnação de Jesus (cf. Lc 1,26-38). Contudo, é possível notar que no Pentateuco, nos livros históricos e sapienciais e, sobretudo, nos profetas, a Sagrada Escritura relata a ação do Espírito, em algumas passagens também chamado de Espírito de Deus, seja como o espírito que pairava sobre as águas (cf. Gn 1,2), seja como a sabedoria que muitas vezes é personificada (cf. Sb 6,12-19).

A ação do Espírito está presente em toda a criação. Ao criar o ser humano, Deus soprou sobre suas narinas e ele se tornou um ser vivente (cf. Gn 2,7). Essa força que anima e vivifica encontra-se não só no ser humano, mas em todo ser vivo criado por Deus.

Na história do povo de Israel, o Espírito de Deus agia de modo particular nos profetas e, por meio destes, o próprio Deus manifestava ao povo a sua vontade. Também os reis, ao serem ungidos, se revestiam da sabedoria e do Espírito do Altíssimo.

2. A presença do Espírito Santo no Novo Testamento

O Novo Testamento apresenta Jesus como o Homem cheio do Espírito Santo. A ação do Espírito se mostra já no anúncio de seu nascimento (cf. Lc 1,26-38) e se manifesta plenamente no batismo, quando o Espírito Santo é enviado pelo Pai e pousa sobre Jesus (cf. Lc 3,22). Em toda a vida e no ministério de Jesus, o Espírito Santo está presente; contudo, é após a morte de Jesus que o Espírito manifesta o poder do Pai que ressuscitou Jesus.

A ação do Espírito também se evidencia na vida de Maria e dos discípulos, quando eles estão reunidos no dia de Pentecostes e línguas de fogo descem sobre eles e os tornam testemunhas de Jesus para todas as gentes (cf. At 1,8).

Com a ascensão aos céus, Jesus envia o Espírito Santo como sinal de sua presença junto aos apóstolos, confirmando-lhes a missão de "ir pelo mundo inteiro e anunciar a Boa-Nova a toda criatura" (cf. Mc 16,15). Esse mesmo Espírito se faz presente na missão da Igreja.

3. O Espírito Santo e suas imagens

O Espírito não tem uma forma material, contudo, na tradição da Igreja muitas imagens foram atribuídas ao Espírito Santo como um meio de torná-lo acessível à compreensão humana. Na Sagrada Escritura, encontramos muitas imagens e sinais que indicam a presença do Espírito, como, por exemplo, o dedo de Deus, a mão, a nuvem e a luz. Porém, as que mais se destacam são aquelas ligadas ao Batismo e a Pentecostes, tais como:

a) *A pomba:* essa é a representação mais comum e tem sua fundamentação no batismo de Jesus, pois este, ao emergir das águas do rio Jordão, recebe imediatamente sobre si o Espírito Santo, em forma de uma pomba (cf. Mt 3,16).

b) *As línguas de fogo:* no relato de Pentecostes afirma-se que, quando os apóstolos estavam reunidos, o Espírito veio sobre eles como línguas de fogo (cf. At 2,3-4) e todos ficaram cheios do Espírito Santo.

c) *A unção:* embora não se trate de uma imagem, e sim de sinal que foi revestido de caráter sacramental, a unção nos remete para um momento no qual o Espírito Santo se faz presente. Ungir significa revestir a pessoa ungida com o poder do Espírito; por isso, a unção é eminentemente uma ação pneumática.

d) *O selo:* essa imagem nos vem do próprio Cristo, que carrega em si o selo do Pai (cf. Jo 6,27), e pelo

Batismo o cristão é marcado com o selo de Cristo, que é o Espírito Santo (cf. Ef 1,13).

4. Os dons do Espírito Santo

Os dons do Espírito Santo foram definidos pela Igreja como sendo sete: sabedoria, entendimento, conselho, fortaleza, ciência, piedade e temor de Deus. Dizer que os dons são sete não significa afirmar que fora estes não há outros dons do Espírito. O número sete, além de remeter à perfeição, é também uma pequena síntese de força vital que abarca o ser humano em suas várias dimensões.

5. Os frutos do Espírito Santo

São Paulo, na Carta aos Gálatas, nos fala de nove frutos do Espírito. A Igreja, porém, acrescentou aos nove frutos mencionados por São Paulo mais três, enumerando assim em doze os frutos do Espírito Santo: caridade, alegria, paz, paciência, bondade, longanimidade, benignidade, mansidão, fidelidade, modéstia, continência, castidade (cf. Gl 5,22-23). Assim como os dons, muitos outros frutos também resultam da ação do Espírito Santo em nossa vida.

6. Orar com e no Espírito Santo

Toda oração tem sempre um movimento Trinitário, isto é, nos dirigimos ao Pai, no Filho, pelo Espírito Santo. Isso significa que o Pai é o início e o fim de tudo, dele recebemos e a ele agradecemos. O Filho é o único mediador entre nós e o Pai (Hb 1,1-4), de modo que é sempre em seu nome que toda e qualquer oração é pronunciada. Se o Pai é o fim e o Filho o meio, cabe ao Espírito ser a força que nos impulsiona, nos move e também nos diz o que devemos dizer ou pedir.

Podemos nos dirigir a Deus pelo Espírito Santo através de invocações, súplicas, louvores, hinos, ladainhas etc. Todas essas formas de oração têm em si o mesmo objetivo: colocar-nos em comunhão com Deus. Ele está presente em nossa vida não como uma ideia, mas sim como uma realidade, uma pessoa real; e, muito embora não se possa tocá-lo, é possível senti-lo presente e atuante em nós.

Orações ao Espírito Santo

I. Orações de invocação

1. Vinde, Espírito Santo!

Vinde, Espírito Santo,
enchei os corações dos vossos fiéis
e acendei neles o fogo do vosso amor.
Enviai o vosso Espírito,
e tudo será criado,
e renovareis a face da terra.

Oremos

Deus, que instruístes os corações dos vossos fiéis
com a luz do Espírito Santo,
fazei que apreciemos retamente todas as coisas
segundo o mesmo Espírito
e gozemos sempre da sua consolação.
Por Cristo, Senhor nosso.
Amém.

2. *Vinde, Espírito Criador*
   (Veni Creator Spiritus)

Vinde, ó Santo Espírito,
as nossas almas visitai.
Enchei nossos corações
com a vossa graça divinal.

Vós sois chamado o Intercessor,
o Dom de Deus Altíssimo,
a fonte viva, o fogo, o amor,
e a espiritual unção.

Sois doador dos sete dons
e sois poder na mão do Pai;
por este transmitido a nós,
enriqueceis a nossa voz.

Iluminai nosso entender,
em nós vertei o vosso amor.
Com vossa graça eternal,
o fraco em nós robustecei.

Nosso inimigo repeli,
e dai-nos logo a vossa paz.
E, tendo um guia como vós,
evitaremos todo mal.

Fazei-nos conhecer o Pai,
e o Filho revelai também,
e que de ambos precedeis,
fazei-nos firmemente crer.

Glorifiquemos a Deus Pai,
e ao Filho que ressuscitou,
e ao Espírito de Deus,
por todo sempre.

Amém.

3. *Vinde, Santo Espírito*
   (Veni Sancte Spiritus)

Vinde, Espírito Santo,
e enviai-nos do alto céu
um raio de vossa luz!

Vinde, Pai dos pobres,
vinde, fonte de todos os dons,
vinde, luz dos corações!

Consolador magnífico!
Doce hóspede da alma!
Doce reconforto!

Sois repouso para o nosso trabalho,
força contra nossas paixões,
conforto para as nossas lágrimas.

Sem vosso auxílio,
nada pode o ser humano,
nada produz de bom!

Lavai as nossas manchas!
Banhai nossa aridez!
Curai nossas feridas!

Dobrai nossa dureza!
Aquecei nossa frieza!

Corrigi nossos erros!

Dai aos vossos fiéis,
Que em vós confiam,
Os sete dons sagrados!

Dai-nos o mérito da virtude!
Dai-nos o troféu da salvação!
Dai-nos a alegria eterna!

Amém.

4. *Espírito Santo, Deus de amor*
   (Santo Tomás de Aquino)

Espírito Santo, Deus de amor,
concede-me uma inteligência que te conheça;
um desejo que te procure;
uma sabedoria que te encontre;
uma vida que te agrade;
uma perseverança que,
enfim, te possua.
Amém.

5. *Vem, criador Espírito de Deus*
   (Oração da Véspera I)

Vem, criador Espírito de Deus,
visita o coração dos teus fiéis
e com a graça do alto os purifica.

Paráclito do Pai, Consolador,
sê para nós a fonte de água viva,
o fogo do amor e a unção celeste.

Nos sete dons que descem sobre o mundo,
nas línguas que proclamam o Evangelho,
realiza a promessa de Deus Pai.

Ilumina, Senhor, a nossa mente,
acende em nós a tua caridade,
infunde em nosso peito a fortaleza.

6. *Vem, Consolador supremo*
   (Oração das Laudes)

Vem, ó Espírito Santo,
e da tua luz celeste,
brotando raios piedosos,
nossos ânimos reveste.

Pai carinhoso dos pobres,
distribuidor da riqueza,
vem, ó luz dos corações,
amparar a natureza.

Vem, Consolador supremo,
das almas hóspede amável,
suavíssimo refrigério
do mortal insaciável.

És no trabalho descanso,
refresco na calma ardente;
és no pranto doce alívio
de um ânimo penitente.

Suave origem do bem,
ó fonte de luz divina,
enche nossos corações,
nossas almas ilumina.

Sem o teu celeste influxo,
no mortal nada há perfeito;
a tudo quanto é nocivo
está o homem sujeito.

Lava o que nele há de impuro,
quanto há de árido umedece;
sara-lhe quanto é moléstia,
quanto na vida padece.

O que há de dureza abranda,
o que há de mais frio aquece;
endireita o desvairado
que o caminho desconhece.

Os sete dons com que alentas
os que humildes te confessam,
aos teus devotos concede
sempre fiéis to mereçam.

Por virtudes merecidas,
dá-lhes fim que os leve aos céus;
dá-lhes eternas delícias
que aos bons prometes, meu Deus.

7. *Vinde, Espírito Divino*
(Oração da Hora Média)

Vinde, Espírito Divino,
celeste Consolador,
e realizai nas almas
as obras do vosso amor.

Vinde, Espírito Divino,
com o dom da sapiência,
ensinar a distinguir
a verdade da aparência.

Vinde, Espírito Divino,
com o dom da fortaleza,
fazer crescer nossa fé
com invencível firmeza.

Vinde, Espírito Divino,
vinde ao nosso coração,
a mostrar-nos o caminho
que conduz à salvação.

Dai certeza aos nossos passos,
luz aos nossos pensamentos,
para que sejam conformes
com os vossos mandamentos.

Para que todos, unidos
no fogo da caridade,
sejamos irmáos, agora
e por toda a eternidade.

8. *Vinde a nós*
(Roseane Barbosa)

Vinde, Espírito Santo,
vinde nos conduzir,
vinde nos mostrar o caminho a seguir,
vinde nos iluminar.
Penetrai em nossa mente,
abri a nossa inteligência,
santificai o nosso coração,
purificai os nossos sentimentos,
defendei-nos contra toda adversidade
e livrai-nos de todo mal.
Amém.

II. Consagração à Santíssima Trindade

1. *Ofereço-me, entrego e consagro*
   (Beato Tiago Alberione)

Trindade Santíssima,
Pai, Filho, Espírito Santo,
presente e operante na Igreja
e na intimidade do meu ser.
Eu vos adoro, amo e agradeço.
Pai Celeste,
a vós me ofereço, entrego
e consagro, como filho.
Jesus Cristo Mestre,
a vós me ofereço, entrego
e consagro, como irmão e discípulo.
Espírito Santo,
a vós me ofereço, entrego e consagro,
como "templo vivo" para ser santificado.
Que eu possa viver em comunhão
com as três Pessoas divinas,
nesta vida e na eternidade,
a fim de que a minha vida inteira
seja um hino de glória ao Pai,
ao Filho e ao Espírito Santo.
Amém.

III. Orações de súplica

1. Súplica ao Espírito Santo
   (Cardeal Verdier)

Ó Espírito Santo,
amor do Pai e do Filho!
Inspirai-me sempre
o que devo pensar,
o que devo dizer,
como eu devo dizê-lo,
o que devo calar,
o que devo escrever,
como eu devo agir,
o que devo fazer,
para procurar a vossa glória,
o bem das pessoas e o meu próprio bem.
Amém.

2. Dai-me um coração grande
   (Papa Paulo VI)

Ó Espírito Santo,
dai-me um coração grande,
aberto à vossa silenciosa
e forte palavra inspiradora,
fechado a todas as ambições mesquinhas,

alheio à rivalidade e à competição humana,
compenetrado do sentido de ser Igreja!
Um coração grande,
desejoso de tornar-se semelhante
ao Coração do Senhor Jesus!
Capaz de amar as pessoas,
para servi-las em suas necessidades!
Um coração grande e forte
para superar todas as dificuldades,
o cansaço, a desilusão, a ofensa!
Um coração firme e constante
até no sacrifício, se for necessário!
Um coração cuja felicidade
é bater junto com o Coração de Cristo
e cumprir, humildemente, a vontade do Pai.
Amém.

3. Curai-me, ó Espírito Santo
   (Beato Tiago Alberione)

Ó Espírito Santo,
que em Pentecostes viestes sobre Maria e os discípulos,
curai a minha mente da imprudência,
da ignorância, do esquecimento,
da rigidez, do preconceito, do erro,
e concebei em mim a Sabedoria de Jesus.

Curai os meus afetos da indiferença,
da desconfiança, das más inclinações,
das paixões desordenadas,
e concebei em mim os sentimentos
e os afetos de Jesus.

Curai a minha vontade da fraqueza,
da superficialidade, da inconstância,
da preguiça, do mau costume,
e concebei em mim a força
que havia em Jesus.

4. *Espírito Santo consolador*
   (S. João XXIII)

Espírito Santo consolador,
aperfeiçoai em nós a obra que Jesus começou.
Tornai forte e contínua a oração
que fazemos em nome do mundo inteiro.
Apressai para cada um de nós
os tempos de uma profunda vida interior,
a fim de fazermos sempre o bem.
Tudo seja grande em nós:
a busca e o culto da verdade;
a prontidão ao sacrifício,
até a cruz e a morte;
e tudo, enfim, corresponda

à oração sacerdotal de Jesus ao Pai celeste
e àquela efusão que de vós, espírito de amor,
o Pai e o Filho irradiam sobre a Igreja,
sobre cada pessoa
e sobre toda a humanidade.
Amém.

5. *Habitai em nossos corações*

Espírito Santo,
que reinais no céus,
sois nossa força.
Espírito de verdade,
presente em toda parte
plenificando o universo,
tesouro de todos os bens
e fonte de vida,
vinde habitar em nossos corações.
Libertai-nos de toda culpa
e conduzi-nos, por vossa bondade, à salvação.
Na força de vosso amor,
uni todos os que creem em Cristo
e santificai-os com o fogo de vosso amor.
Deus santo, Deus forte, Deus imortal,
tende piedade de nós!
Curai nossas feridas, por amor de vosso nome,
e recebei-nos, enfim, no vosso Reino.
Amém.

6. *Vinde a nós e ficai conosco*
(Concílio de Toledo IV)

Espírito Santo, estamos diante de vós,
sob o peso de nossas culpas,
mas reunidos em vosso nome.
Vinde a nós e ficai conosco!
Penetrai em nossos corações.
Ensinai-nos o que devemos fazer,
que caminho seguir;
mostrai-nos como devemos agir
para podermos, com vossa ajuda,
agradar-vos em tudo.
Que somente vós sejais o inspirador
e o doador de nossos pensamentos.
Vós, que amais infinitamente a equidade,
não permitais que subvertamos a justiça.
A ignorância não nos leve a praticar o mal;
nem nos deixemos guiar pela parcialidade,
nem por interesses pessoais,
mas sejamos firmemente unidos a vós,
para que sejamos uma só coisa convosco,
jamais nos desviando da verdade.

Espírito Santo,
assim como nos reunimos em vosso nome,
do mesmo modo, guiados pelo vosso amparo,

permaneçamos na justiça.
E que, nesta terra, jamais nos afastemos de vós,
e, na vida futura,
alcancemos a felicidade eterna.
Amém.

7. *Espírito Santo, necessitamos de vós*
(Cardeal Carlo Maria Martini)

Divino Espírito Santo,
necessitamos muito de vossa ajuda
para conhecer o caminho que devemos seguir.

Temos necessidade de vós
para que o nosso coração,
inundado pela vossa consolação,
se abra e que, muito além das palavras
e dos conceitos, possamos perceber em nós
a vossa presença.

Ó Espírito Santo,
que viveis na Igreja e em nós,
sois nosso hóspede permanente,
sempre a modelar em nosso ser
a figura e a forma de Jesus Cristo.

Nós nos dirigimos também a vós,
Maria, Mãe da Igreja,

que vivestes a plenitude do Espírito Santo,
experimentastes a sua força em vosso ser
e o vistes operando em vosso Filho Jesus.
Intercedei por nós, para que nossa mente
e o nosso coração se abram à ação divina.

Fazei com que tudo o que pensamos,
fazemos ou ouvimos,
todos os nossos gestos
e todas as nossas palavras,
sejam tão somente abertura e disponibilidade
a este único Santo Espírito,
que forma a Igreja no mundo;
edificai o corpo de Cristo na história;
promovei o testemunho da fé;
consolai e confortai;
plenificai de confiança e de paz
o nosso coração,
mesmo em meio às dificuldades e tribulações.

Nós pedimos, Pai,
juntamente com Maria
e com todos os santos,
em nome de vosso Filho Jesus Cristo,
nosso Senhor.
Amém.

8. Os sete dons do Espírito Santo
(Santo Afonso Maria de Ligório)

Espírito Santo,
concedei-me o dom da sabedoria,
para que eu, cada vez mais, goste das coisas divinas
e, abrasado no fogo de vosso amor,
prefira com alegria as coisas do céu a tudo que é
mundano
e me una para sempre a Jesus, sofrendo tudo neste
mundo por seu amor.

Espírito Santo,
concedei-me o dom do entendimento,
para que, iluminado pela luz celeste da vossa graça,
bem entenda as sublimes verdades da salvação
e da doutrina da santa religião.

Espírito Santo,
concedei-me o dom do conselho,
tão necessário nos melindrosos passos da vida,
para que escolha sempre aquilo
que mais vos seja do agrado,
siga em tudo vossa divina graça
e saiba socorrer meu próximo com bons conselhos.

Espírito Santo,
concedei-me o dom da fortaleza,
para que despreze todo respeito humano,

fuja do pecado, pratique a virtude com santo fervor
e afronte com paciência,
e mesmo com a alegria do espírito,
o desprezo, o prejuízo, as perseguições
e a própria morte,
antes de renegar por palavras e obras a Cristo.

Espírito Santo,
concedei-me o dom da ciência,
para que conheça cada vez mais
minha própria miséria e fraqueza,
a beleza da virtude e o valor inestimável da alma, e
para que sempre veja claramente as ciladas do demônio,
da carne, do mundo, a fim de evitá-las.

Espírito Santo,
concedei-me o dom da piedade,
que me tornará delicioso o trato
e colóquio convosco na oração
e me fará amar a Deus com íntimo amor
como a meu Pai,
Maria Santíssima e a todos os homens
como a meus irmãos em Jesus Cristo.

Espírito Santo,
concedei-me o dom do temor de Deus,
para que eu me lembre sempre,
com suma reverência e profundo respeito,
da vossa divina presença,

trema como os anjos diante da vossa divina majestade
e nada receie tanto como desagradar vossos santos
olhos!

Vinde, Espírito Santo,
ficai comigo e derramai sobre mim
vossas divinas bênçãos.
Em nome de Jesus Cristo, nosso Senhor.
Amém.

IV. Orações de louvor

1. *Divino Espírito Santo*
  (Beato Tiago Alberione)

Divino Espírito Santo,
amor que procede do Pai e do Filho,
eu vos adoro, louvo e amo!
Peço-vos perdão
por todas as vezes que vos ofendi
em mim e no meu próximo.
Vinde a nós com a plenitude de vossos dons.
Espírito de verdade,
consagro-vos a minha inteligência.
Iluminai-me!
Concedei-me os dons de sabedoria, ciência,

discernimento e conselho.
Espírito Santificador,
consagro-vos a minha vontade.

Conduzi-me sempre e em tudo
conforme a vontade do Pai.
Concedei-me o dom da fortaleza
e o santo temor de Deus.
Espírito de vida,
consagro-vos o meu coração.
Fazei crescer em mim a comunhão com Deus.
Concedei-me o dom da piedade.
Amém.

2. *Louvor ao Espírito Santo*
(Ofício de Taizé)

Louvor a ti, Senhor poderoso,
Espírito consolador, generoso
e dispensador de todos os bens;
tu és igual ao Pai e ao Filho,
a ti a glória e a soberania.

És a luz e portador da luz.
És bondade e fonte de toda bondade.
És espírito que forma profetas
e suscita apóstolos;

dás a vitória aos mártires
e força aos confessores.

Tornas inteligentes
aqueles que te procuram,
diriges os que erram,
consolas os tristes
e fortaleces os fracos,
curas os feridos, reergues os caídos,
dás coragem aos que têm medo.

Acalmas os violentos,
abrandas os corações endurecidos,
confirmas os fiéis e guardas os que creem.
Nós te suplicamos, Espírito consolador,
desce ao templo de nossos corações,
como desceste à sala superior,
testemunha da santa ceia.

Vivifica-nos com teus dons benfazejos,
inflama nossos corações
com o fogo do teu amor,
concede-nos tua sabedoria eterna,
e que a tua luz brilhante
purifique nossos corações.
Espírito Santo, vem rezar em nós!

V. Hinos ao Espírito Santo

1. *Espírito Santo de Deus*
   (Beato Tiago Alberione)

Espírito Santo de Deus,
criador e renovador de todas as coisas,
vida da minha vida,
eu vos adoro, agradeço e amo.
Vós que dais a vida e vivificais o universo,
conservai em mim a saúde,
livrai-me das doenças que a ameaçam
e de todos os males que a cercam.
Ajudado por vossa graça,
eu me comprometo a usar sempre as minhas forças
para a glória de Deus,
para o meu próprio bem
e no serviço aos irmãos.
Eu vos peço, também,
iluminai, com os vossos dons
de conhecimento e compreensão,
a todos os médicos
e àqueles que cuidam dos doentes,
para que identifiquem as reais causas dos males
que ameaçam e põem em perigo a vida
e possam igualmente descobrir e aplicar

os remédios mais eficazes
para restabelecê-los e curá-los.
Amém.

2. Hino ao Espírito Santo
(Santa Teresa Benedita da Cruz – Edith Stein)

Quem és tu,
doce luz que me inunda
e ilumina a escuridão em meu coração?
Guia-me como a mão carinhosa de mãe,
e se me soltas,
não saberia nem dar mais um passo.
És o espaço que cerca meu ser
e em si me acolhe.
Se me abandonas, mergulho no abismo do nada,
de onde tu me tiraste.
Tu estás mais próximo a mim
que eu a mim mesmo,
e mais íntimo
que minha intimidade.
E, contudo, continuas intocável
e incompreensível.
E que faz brotar todo nome:
Santo Espírito – Eterno Amor.

Não és tu o maná,
que passa do coração do Filho
e flui para o meu,
alimento dos anjos e dos santos?
Ele, que da morte à vida se elevou,
também a mim ressuscitou para a vida.
Tirou-me do sono da morte,
e nova vida ele me doou
dia após dia.
E um dia me cumulará de plenitude.
Vida de minha vida.
Sim, tu mesmo:
Santo Espírito – Eterna Vida.

És tu o raio que cai
do trono do eterno Juiz
e irrompe na noite da alma,
que nunca se reconhece a si mesma.
Misericordioso e implacável,
penetra-lhe os abismos sombrios,
e ela, assustada com a visão de si mesma,
cede-lhe confiante lugar – Santo temor,
início de toda sabedoria,
que vem do alto,
e nas alturas nos une fortemente
à tua obra que nos cria de novo:
Santo Espírito – Raio Penetrante.

És tu a plenitude,
a força do Espírito,
com a qual o Cordeiro rompe os selos
do livro da vida
por um eterno decreto de Deus.
Impelidos por ti,
os mensageiros do juízo
cavalgam pelo mundo
e separam com espada afiada
o Reino da luz do meio das trevas.
Então, aparecerá um novo céu e uma nova terra,
e tudo retornará ao seu devido lugar
pelo teu sopro:
Santo Espírito – Força Vencedora.

VI. Textos bíblicos

1. *Sobre ele há de pousar o meu Espírito*
(Isaías 11,1-9)

Um broto vai surgir do tronco seco de Jessé,
das velhas raízes, um ramo brotará.
Sobre ele há de pousar o espírito do Senhor,
espírito de sabedoria e compreensão,
espírito de prudência e valentia
espírito de conhecimento e temor do Senhor.

No temor do Senhor estará sua inspiração.
Não é pelo que vê à primeira vista
que ele fará seu julgamento,
nem dará sua sentença pelo que acabou de ouvir.
Julgará os fracos com justiça,
com retidão dará sentença
em favor dos humilhados da terra.
Castigará o opressor com a vara que é sua boca,
matará esse criminoso com o sopro dos seus lábios.
A justiça será o cinto que ele usa,
a verdade o cinturão que ele não deixa.
O lobo, então, será hóspede do cordeiro,
o leopardo vai se deitar ao lado do cabrito,
o bezerro e o leãozinho pastam juntos,
uma criança pequena toca os dois,
a ursa e a vaca estarão pastando,
suas crias deitadas lado a lado;
o leão, assim como o boi, comerá capim.
O bebê vai brincar no buraco da cobra venenosa,
a criancinha enfia a mão no esconderijo da serpente.
Ninguém fará mal, ninguém pensará em prejudicar,
na minha santa montanha.
Pois a terra estará repleta do conhecimento do Senhor,
assim como as águas cobrem o mar.

2. *O Senhor me ungiu*
   (Isaías 61,1-3)

O espírito do Senhor Deus está sobre mim,
porque o Senhor me ungiu.
Enviou-me para levar a boa-nova aos pobres,
para curar os de coração aflito,
anunciar aos cativos a libertação,
aos prisioneiros o alvará de soltura;
para anunciar o ano do agrado do Senhor,
o dia de nosso Deus fazer justiça,
para consolar os que estão tristes,
para levar aos entristecidos de Sião
um adorno em vez de cinzas,
perfume de festa em vez de luto,
ação de graças em vez de espírito abatido.

3. *Herdeiros de Deus*
   (Romanos 8,14-17)

Todos aqueles
que se deixam conduzir pelo Espírito
de Deus são filhos de Deus.
De fato, vós não recebestes espírito de escravos,
para recairdes no medo,
mas recebestes o Espírito que, por adoção,
vos torna filhos, e no qual clamamos: "Abbá, Pai!".

O próprio Espírito se une ao nosso espírito,
atestando que somos filhos de Deus.
E, se somos filhos, somos também herdeiros:
herdeiros de Deus e co-herdeiros de Cristo,
se, de fato, sofremos com ele,
para sermos também glorificados com ele.

4. Os dons do Espírito
(1 Coríntios 12,6-12)

Há diferentes atividades,
mas é o mesmo Deus que realiza tudo em todos.
A cada um é dada a manifestação do Espírito,
em vista do bem de todos.
A um é dada pelo Espírito uma palavra de sabedoria;
a outro, uma palavra de conhecimento
segundo o mesmo Espírito.
A outro é dada a fé, pelo mesmo Espírito.
A outro são dados dons de cura, pelo mesmo Espírito.
A outro, o poder de fazer milagres.
A outro, a profecia.
A outro, o discernimento dos espíritos.
A outro, diversidade de línguas.
A outro, o dom de as interpretar.
Todas essas coisas as realiza um e o mesmo Espírito,
que distribui a cada um conforme quer.

5. Espírito Novo
(Ezequiel 11,19)

Eu lhes darei um só coração
e infundirei nele um espírito novo.
Extrairei do seu corpo o coração de pedra
e lhes darei um coração de carne.

6. O meu coração espera no Senhor
(Isaías 38,16-17)

Senhor, em ti espera meu coração,
por ti viverá meu espírito,
cura-me, faze-me sobreviver.
Eis que minha amargura
transformou-se em paz.
Livraste-me a vida da cova do nada,
e os meus pecados jogaste para trás.

7. *Espírito que está em ti*
   (Isaías 59,21)

O meu espírito que está em ti
e minhas palavras que pus em teus lábios
de teus lábios jamais se afastarão,
nem dos lábios dos teus filhos
e dos filhos dos teus filhos.
Disse o Senhor,
agora e para sempre.

8. *Espírito está em festa*
   (Isaías 61,10)

O Senhor é a minha grande alegria,
meu espírito está em festa pelo meu Deus,
pois ele me vestiu de salvação,
cobriu-me com o manto da justiça,
qual noivo com a joia no turbante,
qual noiva recoberta de adornos.

9. Espírito que vem de Deus
(1 Coríntios 2,11-12)

Ninguém conhece o que é de Deus,
a não ser o Espírito de Deus.
Nós não recebemos o Espírito do mundo,
mas recebemos o Espírito que vem de Deus,
para conhecermos os dons que Deus nos concedeu.

10. O Espírito intercede por nós
(Romanos 8,26)

O Espírito vem em socorro
de nossa fraqueza.
Pois não sabemos o que pedir
nem como pedir;
é o próprio Espírito
que intercede em nosso favor,
com gemidos inefáveis.

11. *Deus é Espírito*
(2 Coríntios 3,17-18)

O Senhor é o Espírito,
e onde está o Espírito do Senhor,
aí está a liberdade.
Todos nós, porém,
com o rosto descoberto,
refletimos a glória do Senhor
e, segundo esta imagem,
somos transformados,
de glória em glória,
pelo Espírito do Senhor.

12. *O Espírito nos foi dado*
(Romanos 5,5)

A esperança não decepciona,
porque o amor de Deus
foi derramado em nossos corações
pelo Espírito Santo
que nos foi dado.

VII. Ladainha do Espírito Santo

Senhor, tende piedade de nós.
Jesus Cristo, tende piedade de nós.
Senhor, tende piedade de nós.
Jesus Cristo, ouvi-nos.
Jesus Cristo, atendei-nos.

Pai onipotente e eterno,	*tende piedade de nós.*
Jesus, Filho eterno do Pai e Redentor do mundo,	*salvai-nos.*
Espírito do Pai e do Filho, amor eterno,	*santificai-nos.*
Trindade Santa,	*atendei-nos.*
Espírito Santo que procedeis do Pai e do Filho,	*vinde a nós.*
Divino Espírito, igual ao Pai e ao Filho,	*vinde a nós.*
a mais terna e generosa promessa do Pai,	*vinde a nós.*
Dom do Deus altíssimo,	*vinde a nós.*
Raio da luz celeste,	*vinde a nós.*
Autor de todo bem,	*vinde a nós.*

Fonte d'água viva,	*vinde a nós.*
Fogo consumidor,	*vinde a nós.*
Unção espiritual,	*vinde a nós.*
Espírito de amor e verdade,	*vinde a nós.*
Espírito de sabedoria e inteligência,	*vinde a nós.*
Espírito de conselho e força,	*vinde a nós.*
Espírito de ciência e piedade,	*vinde a nós.*
Espírito de temor do Senhor,	*vinde a nós.*
Espírito de graça e oração,	*vinde a nós.*
Espírito de paz e doçura,	*vinde a nós.*
Espírito de modéstia e pureza,	*vinde a nós.*
Espírito consolador,	*vinde a nós.*
Espírito santificador,	*vinde a nós.*
Espírito que governais a Igreja,	*vinde a nós.*
Espírito que encheis o universo,	*vinde a nós.*
Espírito de adoção dos filhos de Deus,	*vinde a nós.*

Espírito Santo, derramai
a vossa luz sobre nós,   *ouvi-nos, Senhor.*

Gravai a vossa lei
nos nossos corações, *ouvi-nos, Senhor.*

Acendei em nossos corações
o fogo de vosso amor, *ouvi-nos, Senhor.*

Abri-nos o tesouro
das vossas graças, *ouvi-nos, Senhor.*

Ensinai-nos como quereis
que as peçamos, *ouvi-nos, Senhor.*

Iluminai-nos com as vossas
celestes inspirações, *ouvi-nos, Senhor.*

Formai-nos na prática do bem, *ouvi-nos, Senhor.*

Dai-nos o mérito das virtudes, *ouvi-nos, Senhor.*

Dai-nos perseverar na justiça, *ouvi-nos, Senhor.*

Sede vós a nossa
recompensa eterna, *ouvi-nos, Senhor.*

Cordeiro de Deus que tirais o pecado do mundo,
enviai-nos o divino Consolador.

Cordeiro de Deus que tirais o pecado do mundo,
enchei-nos dos dons do vosso Espírito.

Cordeiro de Deus que tirais o pecado do mundo,
dai-nos o Espírito Santo.

Espírito Santo, *ouvi-nos.*

Espírito consolador, *atendei-nos.*

V/. Enviai, Senhor, o vosso Espírito e tudo será criado.

R/. E renovareis a face da terra.

Referências bibliográficas

ALLMEN, J. J. Von. *Vocabulário bíblico*. São Paulo: Aste, 1972.

ANCILLI, Ermanno; PONTIFÍCIO INSTITUTO DE ESPIRITUALIDADE TERESIANUM (Org.). *Dicionário de Espiritualidade*. São Paulo: Loyola/Paulinas, 2012. v. II e III.

CATECISMO da Igreja Católica. Petrópolis: Vozes, 1997.

COENEN, Lothar; BROWN, Colin. *Dicionário Internacional de Teologia do Novo Testamento*. São Paulo: Vida Nova, 2000.

BÍBLIA SAGRADA. Tradução da CNBB. 7. ed. 2008.

LACOSTE, Jean-Yves. *Dicionário Crítico de Teologia*. São Paulo: Paulinas/Loyola, 2004.

LITURGIA DAS HORAS. V. II – Quaresma e Tempo pascal. Petrópolis: Vozes; São Paulo: Paulinas/Paulus/Ave-Maria, 1999.

LIVRO DE ORAÇÕES da Família Paulina. São Paulo: Paulinas, 2011. Uso interno.

MISSAL ROMANO. São Paulo: Paulus, 1997.

Sumário

Introdução	5
O Espírito Santo está no meio de nós	9
Orações ao Espírito Santo	15
I. Orações de invocação	15
II. Consagração à Santíssima Trindade	24
III. Orações de súplica	25
IV. Orações de louvor	34
V. Hinos ao Espírito Santo	37
VI. Textos Bíblicos	40
VII. Ladainha do Espírito Santo	48
Referências bibliográficas	53

Rua Dona Inácia Uchoa, 62
04110-020 – São Paulo – SP (Brasil)
Tel.: (11) 2125-3500
http://www.paulinas.com.br – editora@paulinas.com.br
Telemarketing e SAC: 0800-7010081